圖解 2024 中國
「政府工作報告」

書　　名	圖解 2024 中國「政府工作報告」
出　　版	三聯書店（香港）有限公司
	香港北角英皇道 499 號北角工業大廈 20 樓
	Joint Publishing (H.K.) Co., Ltd.
	20/F., North Point Industrial Building,
	499 King's Road, North Ponit, Hong Kong
香港發行	香港聯合書刊物流有限公司
	香港新界荃灣德士古道 220-248 號 16 樓
印　　刷	中華商務彩色印刷有限公司
	香港新界大埔汀麗路 36 號 14 字樓
版　　次	2024 年 4 月香港第 1 版第 1 次印刷
規　　格	特 16 開（170 × 240mm）56 面
國際書號	ISBN 978-962-04-5505-6

本書由人民出版社授權出版，僅限中國大陸以外地區銷售。

目　錄
CONTENTS

政 府 工 作 報 告

—— 2024 年 3 月 5 日在第十四屆全國人民
代表大會第二次會議上

國務院總理　李　強

各位代表：

現在，我代表國務院，向大會報告政府工作，請予審議，並請全國政協委員提出意見。

一、2023 年工作回顧

過去一年，是全面貫徹黨的二十大精神的開局之年，是本屆政府依法履職的第一年。面對異常複雜的國際環境和艱巨繁重的改革發展穩定任務，以習近平同志為核心的黨中央團結帶領全國各族人民，頂住外部壓力、克服內部困難，付出艱辛努力，新冠疫情防控實現平穩轉段、取得重大決定性勝利，全年經濟社會發展主要目標任務

習近平等黨和國家領導人出席開幕式

李強離席作政府工作報告

學習貫徹習近平
新時代中國特
色社會主義思
想主題教育工
作會議在京召
開 習近平發表
重要講話

圓滿完成，高質量發展扎實推進，社會大局保持穩定，全面建設社會主義現代化國家邁出堅實步伐。

——經濟總體回升向好。國內生產總值超過126 萬億元，增長 5.2％，增速居世界主要經濟體前列。城鎮新增就業 1244 萬人，城鎮調查失業率平均為 5.2％。居民消費價格上漲 0.2％。國際收支基本平衡。

——現代化產業體系建設取得重要進展。傳統產業加快轉型升級，戰略性新興產業蓬勃發展，未來產業有序佈局，先進製造業和現代服務業深度融合，一批重大產業創新成果達到國際先進水平。國產大飛機 C919 投入商業運營，國產大型郵輪成功建造，新能源汽車產銷量佔全球比重超過 60％。

中國載人航天
工程三十年成
就展在京開幕

——科技創新實現新的突破。國家實驗室體系建設有力推進。關鍵核心技術攻關成果豐碩，航空發動機、燃氣輪機、第四代核電機組等高端裝備研製取得長足進展，人工智能、量子技術等前沿領域創新成果不斷湧現。技術合同成交額增長 28.6％。創新驅動發展能力持續提升。

——改革開放向縱深推進。新一輪機構改革中央層面基本完成，地方層面有序展開。加強全國統一大市場建設。實施國有企業改革深化提升行動，出台促進民營經濟發展壯大政策。自貿試驗區建設佈局進一步完善。出口佔國際市場份額保持穩定，實際使用外資結構優化，共建「一帶一路」的國際影響力、感召力更為彰顯。

——安全發展基礎鞏固夯實。糧食產量 1.39 萬億斤，再創歷史新高。能源資源供應穩定。重要產業鏈供應鏈自主可控能力提升。經濟金融重點領域風險穩步化解。現代化基礎設施建設不斷加強。

——生態環境質量穩中改善。污染防治攻堅戰深入開展，主要污染物排放量繼續下降，地表水和近岸海域水質持續好轉。「三北」工程攻堅戰全面啟動。可再生能源發電裝機規模歷史性超過火電，全年新增裝機超過全球一半。

——民生保障有力有效。居民人均可支配收入增長 6.1％，城鄉居民收入差距繼續縮小。脫貧攻堅成果鞏固拓展，脫貧地區農村居民收入增長 8.4％。加大義務教育、基本養老、基本醫療等財政補助力度，擴大救助保障對象範圍。提高「一老一小」個人所得稅專項附加扣除標準，6600 多萬納稅人受益。加強城鎮老舊小區改造和保障性住房供給，惠及上千萬家庭。

回顧過去一年，多重困難挑戰交織疊加，我國經濟波浪式發展、曲折式前進，成績來之不易。從國際看，世界經濟復甦乏力，地緣政治衝突加劇，保護主義、單邊主義上升，外部環境對我國發展的不利影響持續加大。從國內看，經歷三年新冠疫情衝擊，經濟恢復發展本身有不少難題，長期積累的深層次矛盾加速顯現，很多新情況新問題又接踵而至。外需下滑和內需不足碰頭，周期性和結構性問題並存，一些地方的房地產、地方債務、中小金融機構等風險隱患凸顯，部分地區遭受洪澇、颱風、地震等嚴重自然災害。在這種情況下，政策抉擇和

習近平主持召開進一步推動長江經濟帶高質量發展座談會

中央經濟工作會議在北京舉行

工作推進面臨的兩難多難問題明顯增加。經過全國上下共同努力，不僅實現了全年預期發展目標，許多方面還出現積極向好變化。特別是我們深化了新時代做好經濟工作的規律性認識，積累了克服重大困難的寶貴經驗。實踐充分表明，在以習近平同志為核心的黨中央堅強領導下，中國人民有勇氣、有智慧、有能力戰勝任何艱難險阻，中國發展必將長風破浪、未來可期！

一年來，我們深入學習貫徹黨的二十大和二十屆二中全會精神，按照黨中央決策部署，主要做了以下工作。

◀◀◀◀◀ 2023年政府主要做的工作 ▶▶▶▶▶

加大宏觀調控力度，推動經濟運行持續好轉

依靠創新引領產業升級，增強 城鄉區域 發展新動能

深化改革擴大開放，持續改善營商環境

強化生態環境保護治理，加快 發展方式綠色轉型

著力抓好民生保障，推進社會事業發展

全面加強政府建設，大力提升治理效能

　　一是加大宏觀調控力度，推動經濟運行持續好轉。針對嚴峻挑戰和疫後經濟恢復特點，我們統籌穩增長和增後勁，突出固本培元，注重精準施策，把握宏觀調控時、度、效，加強逆周期調節，不搞「大水漫灌」和短期強刺激，更多在推動高質量發展上用力，全年經濟運行呈現前低中高後穩態勢。

中央金融工作會議在北京舉行

圍繞擴大內需、優化結構、提振信心、防範化解風險，延續優化一批階段性政策，及時推出一批新政

高質量發展的底色

策，打出有力有效的政策組合拳。財政政策加力提效，加強重點領域支出保障，全年新增稅費優惠超過 2.2 萬億元，增發 1 萬億元國債支持災後恢復重建、提升防災減災救災能力。貨幣政策精準有力，兩次降低存款準備金率、兩次下調政策利率，科技創新、先進製造、普惠小微、綠色發展等貸款大幅增長。出台支持汽車、家居、電子產品、旅遊等消費政策，大宗消費穩步回升，生活服務消費加快恢復。發揮政府投資撬動作用，制定促進民間投資政策，能源、水利等基礎設施和製造業投資較快增長。因城施策優化房地產調控，推動降低房貸成本，積極推進保交樓工作。制定實施一攬子化解地方債務方案，分類處置金融風險，守住了不發生系統性風險的底線。

　　二是依靠創新引領產業升級，增強城鄉區域發展新動能。強化國家戰略科技力量，加快實施重大科技項目。全面部署推進新型工業化。出台穩定工業經濟運行、支持先進製造業舉措，提高重點行業企業研發費用加計扣除比例，推動重點產業鏈高質量發展，工業企業利潤由降轉升。數字經濟加快發展，

〔延伸閱讀〕

一攬子化解地方債務方案

　　近年來，隨著經濟面臨下行壓力和地方政府舉債規模擴大，地方債務風險日益凸顯。2023 年 7 月 24 日，中共中央政治局會議提出，要有效防範化解地方債務風險，制定實施一攬子化債方案。此後在財政部等部門的推動下，20 多個省份相繼發行了約 1.4 萬億元特殊再融資債券，來償還存量政府債務，發揮展期降息、緩釋風險的作用。經過各方面協同努力，目前地方債務風險得到緩解。地方政府法定債務本息兌付有效保障，隱性債務規模逐步下降；政府拖欠企業賬款清償工作取得積極進展，地方融資平台數量有所減少。

　　2024 年，一攬子化債方案的進一步落實，將有助於系統性化解地方債務風險，同時也意味著全面系統化解地方債務風險的速度正在加快。政府工作報告中「妥善」和「嚴防」的提法更是將對待存量債務風險與新增債務風險的要求予以明確。一是加強地方政府法定債務管理；二是進一步推動一攬子化債方案落地見效；三是嚴格違規違法舉債問題監督問責；四是著力構建防範化解隱性債務風險長效機制。

5G 用戶普及率超過 50％。深入實施新型城鎮化戰略，進一步放寬放開城市落戶條件，增強縣城綜合承載能力，常住人口城鎮化率提高到 66.2％。強化農業發展支持政策，有力開展抗災奪豐收，實施新一輪千億斤糧食產能提升行動，鄉村振興扎實推進。完善區域協調發展體制機制，在落實區域重大戰略方面推出一批新舉措，實施一批重大項目，區域發展協調性、平衡性不斷增強。

　　三是深化改革擴大開放，持續改善營商環境。出台建設全國統一大市場總體工作方案，清理一批妨礙公平競爭的政策規定。分別推出支持國有企業、民營企業、外資企業發展政策，建立政企常態化溝通交流機制，開展清理拖欠企業賬款專

項行動，加強違規收費整治。深化財稅金融、農業農村、生態環保等領域改革。推動外貿穩規模、優結構，電動汽車、鋰電池、光伏產品「新三樣」出口增長近 30%。完善吸引外資政策，拓展制度型開放。扎實推進共建「一帶一路」高質量發展，與共建國家貿易投資較快增長。

習近平出席第三屆「一帶一路」國際合作高峰論壇開幕式

〔名詞解釋〕

「新三樣」

「新三樣」指機電產品中的電動載人汽車、鋰離子蓄電池和太陽能蓄電池。2023 年，我國出口機電產品 13.92 萬億元，增長了 2.9%，佔出口總值的 58.6%；同期勞動密集型產品出口 4.11 萬億元，佔出口總值的 17.3%。機電產品中，電動載人汽車、鋰離子蓄電池和太陽能蓄電池「新三樣」產品合計出口 1.06 萬億元，首次突破萬億元大關，增長了 29.9%。「新三樣」出口動能強勁體現了從中國製造向中國創造的邁進。

四是強化生態環境保護治理，加快發展方式綠色轉型。深入推進美麗中國建設。持續打好藍天、碧水、淨土保衛戰。加快實施重要生態系統保護和修復重大工程。抓好水土流失、荒漠化綜合防治。加強生態環保督察。制定支持綠色低碳產業發展政策。推進重點行業超低排放改造。啟動首批碳達峰試點城市和園區建設。積極參與和推動全球氣候治理。

五是著力抓好民生保障，推進社會事業發展。聚焦群眾關切，辦好民生實事。高度重視穩就業，

習近平在文化傳承發展座談會上強調　擔負起新的文化使命　努力建設中華民族現代文明

第三十一屆世界大學生夏季運動會在成都隆重開幕 習近平出席開幕式

第十九屆亞洲運動會在杭州隆重開幕 習近平出席開幕式

出台支持企業穩崗拓崗政策，加強高校畢業生等重點群體就業促進服務，脫貧人口務工規模超過 3300 萬。強化義務教育薄弱環節建設，做好「雙減」工作，國家助學貸款提標降息惠及 1100 多萬學生。落實新冠病毒感染「乙類乙管」措施，扎實做好流感、支原體肺炎等傳染病防治。實施職工醫保普通門診統籌。加強社區綜合服務設施建設，大力發展老年助餐服務。提高優撫標準。強化困難群眾兜底保障。有效應對海河等流域特大洪澇災害，做好甘肅積石山地震等搶險救援，加強災後恢復重建。推動文化傳承發展，旅遊市場全面恢復。群眾體育蓬勃開展，成都大運會、杭州亞運會和亞殘運會成功舉辦，我國體育健兒勇創佳績。

六是全面加強政府建設，大力提升治理效能。堅定維護以習近平同志為核心的黨中央權威和集中統一領導，當好貫徹黨中央決策部署的執行者、行動派、實幹家。深入開展學習貫徹習近平新時代中國特色社會主義思想主題教育。堅持把政治建設擺在首位，全面提高政府履職能力。深入推進法治政府建設。提請全國人大常委會審議法律議案 10 件，制定修訂行政法規 25 部，實施提升行政執法質量三年行動。自覺依法接受監督。認真辦理人大代表建議和政協委員提案。注重調查研究，努力使政策和工作符合實際、貼近群眾。優化督查工作機制。加強黨風廉政建設和反腐敗鬥爭。嚴格落實中央八項規定精神，持續糾治「四風」，有力推進金融單位、國有企業等巡

視整改工作。創新和完善城鄉基層治理。扎實做好信訪工作。狠抓安全生產和應急管理，開展重大事故隱患專項排查整治。推動完善國家安全體系。加強社會治安綜合治理，有效打擊電信網絡詐騙等違法犯罪活動，平安中國建設取得新進展。

一年來，中國特色大國外交全面推進。習近平主席等黨和國家領導人出訪多國，出席金磚國家領導人會晤、亞太經合組織領導人非正式會議、東亞合作領導人系列會議等重大多雙邊活動。成功舉辦中國—中亞峰會、第三屆「一帶一路」國際合作高峰論壇等重大主場外交活動。推動構建人類命運共同體，落實全球發展倡議、全球安全倡議、全球文明倡議，深化拓展全球夥伴關係，在解決國際和地區熱點問題中發揮積極建設性作用。中國為促進世界和平與發展作出了重要貢獻。

習近平出席金磚國家領導人第十五次會晤並發表重要講話

習近平出席亞太經合組織第三十次領導人非正式會議並發表重要講話

各位代表！

過去一年取得的成績，根本在於習近平總書記領航掌舵，在於習近平新時代中國特色社會主義思想科學指引，是以習近平同志為核心的黨中央堅強領導的結果，是全黨全軍全國各族人民團結奮鬥的結果。我代表國務院，向全國各族人民，向各民主黨派、各人民團體和各界人士，表示衷心感謝！向香港特別行政區同胞、澳門特別行政區同胞、台灣同胞和海外僑胞，表示衷心感謝！向關心和支持中國現代化建設的各國政府、國際組織和各國朋友，表示衷心感謝！

在肯定成績的同時，我們也清醒看到面臨的困難和挑戰。

世界經濟增長動能不足，地區熱點問題頻發，外部環境的複雜性、嚴峻性、不確定性上升。我國經濟持續回升向好的基礎還不穩固，有效需求不足，部分行業產能過剩，社會預期偏弱，風險隱患仍然較多，國內大循環存在堵點，國際循環存在干擾。部分中小企業和個體工商戶經營困難。就業總量壓力和結構性矛盾並存，公共服務仍有不少短板。一些地方基層財力比較緊張。科技創新能力還不強。重點領域改革仍有不少硬骨頭要啃。生態環境保護治理任重道遠。安全生產的薄弱環節不容忽視。政府工作存在不足，形式主義、官僚主義現象仍較突出，一些改革發展舉措落實不到位。有的幹部缺乏擔當實幹精神，消極避責、做表面文章。一些領域腐敗問題仍然多發。我們一定直面問題和挑戰，盡心竭力做好工作，決不辜負人民期待和重託！

二、2024 年經濟社會發展總體要求和政策取向

今年是中華人民共和國成立 75 周年，是實現「十四五」規劃目標任務的關鍵一年。做好政府工作，要在以習近平同志為核心的黨中央堅強領導下，以習近平新時代中國特色社會主義思想為指導，全面貫徹落實黨的二十大和二十屆二中全會精神，按照中央經濟工作會議部署，堅持穩中求進工作總基調，完整、準確、全面貫徹新發展理念，加快構建新發展格局，著

力推動高質量發展，全面深化改革開放，推動高水平科技自立自強，加大宏觀調控力度，統籌擴大內需和深化供給側結構性改革，統籌新型城鎮化和鄉村全面振興，統籌高質量發展和高水平安全，切實增強經濟活力、防範化解風險、改善社會預期，鞏固和增強經濟回升向好態勢，持續推動經濟實現質的有效提升和量的合理增長，增進民生福祉，保持社會穩定，以中國式現代化全面推進強國建設、民族復興偉業。

綜合分析研判，今年我國發展面臨的環境仍是戰略機遇和風險挑戰並存，有利條件強於不利因素。我國具有顯著的制度優勢、超大規模市場的需求優勢、產業體系完備的供給優勢、高素質勞動者眾多的人才優勢，科技創新能力在持續提升，新產業、新模式、新動能在加快壯大，發展內生動力在不斷積聚，經濟回升向好、長期向好的基本趨勢沒有改變也不會改變，必須增強信心和底氣。同時要堅持底線思維，做好應對各種風險挑戰的充分準備。只要我們貫徹落實好黨中央決策部署，緊緊抓住有利時機、用好

AI 繪製新一年！

有利條件，把各方面幹事創業的積極性充分調動起來，一定能戰勝困難挑戰，推動經濟持續向好、行穩致遠。

今年發展主要預期目標是：國內生產總值增長 5％左右；城鎮新增就業 1200 萬人以上，城鎮調查失業率 5.5％左右；居民消費價格漲幅 3％左右；居民收入增長和經濟增長同步；國際收支保持基本平衡；糧食產量 1.3 萬億斤以上；單位國內生產總值能耗降低 2.5％左右，生態環境質量持續改善。

提出上述預期目標，綜合考慮了國內外形勢和各方面因

素，兼顧了需要和可能。經濟增長預期目標為 5％ 左右，考慮了促進就業增收、防範化解風險等需要，並與「十四五」規劃和基本實現現代化的目標相銜接，也考慮了經濟增長潛力和支撐條件，體現了積極進取、奮發有為的要求。實現今年預期目標並非易事，需要政策聚焦發力、工作加倍努力、各方面齊心協力。

我們要堅持穩中求進、以進促穩、先立後破。穩是大局和基礎，各地區各部門要多出有利於穩預期、穩增長、穩就業的政策，謹慎出台收縮性抑制性舉措，清理和廢止有悖於高質量發展的政策規定。進是方向和動力，該立的要積極主動立起來，該破的要在立的基礎上堅決破，特別是要在轉方式、調結

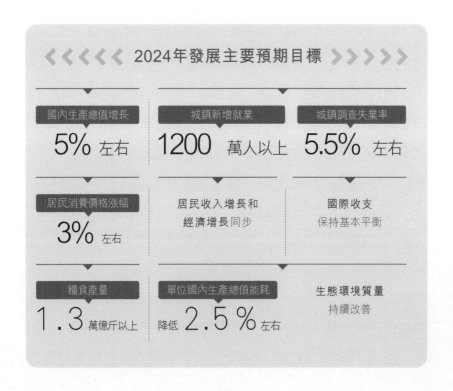

2024年發展主要預期目標

國內生產總值增長	城鎮新增就業	城鎮調查失業率
5％ 左右	1200 萬人以上	5.5％ 左右

居民消費價格漲幅	居民收入增長和經濟增長同步	國際收支保持基本平衡
3％ 左右		

糧食產量	單位國內生產總值能耗	生態環境質量持續改善
1.3 萬億斤以上	降低 2.5％ 左右	

構、提質量、增效益上積極進取。強化宏觀政策逆周期和跨周期調節，繼續實施積極的財政政策和穩健的貨幣政策，加強政策工具創新和協調配合。

積極的財政政策要適度加力、提質增效。綜合考慮發展需要和財政可持續，用好財政政策空間，優化政策工具組合。赤字率擬按 3% 安排，赤字規模 4.06 萬億元，比上年年初預算增加 1800 億元。預計今年財政收入繼續恢復增長，加上調入資金等，一般公共預算支出規模 28.5 萬億元、比上年增加 1.1 萬億元。擬安排地方政府專項債券 3.9 萬億元、比上年增加 1000 億元。為系統解決強國建設、民族復興進程中一些重大項目建設的資金問題，從今年開始擬連續幾年發行超長期特別國債，專項用於國家重大戰略實施和重點領域安全能力建設，今年先發行 1 萬億元。現在很多方面都需要增加財政投入，要大

〔名詞解釋〕

超長期特別國債

「超長期債券」一般指 10 年期以上的債券。歷史上我國發行過 15 年期、20 年期、30 年期和 50 年期四個期限的超長期國債。當前國債發行市場以 30 年和 50 年的期限為主。我國曾在 1998 年、2007 年、2020 年和 2022 年分別發行過四次特別國債。從歷史經驗來看，特別國債發行對經濟社會穩定向好發展產生了積極影響。發行超長期特別國債有助於改善發債周期整體資金流、平滑還本付息壓力，更好發揮國債資金「穩定器」的作用，體現中央加槓桿穩定經濟、更好統籌發展的決心。同時，以超長期特別國債來匹配相關中長期項目的建設需求，有助於緩解地方的償債壓力，進一步降低融資成本。從主要投向看，超長期特別國債將聚焦強國建設和民族復興進程中的大事難事，重點支持科技創新、城鄉融合發展、區域協調發展、糧食能源安全、人口高質量發展等。

積極的財政政策要適度加力、提質增效

綜合考慮發展需要和財政可持續，用好財政政策空間，優化政策工具組合

赤字率擬按 3 % 安排，赤字規模 4.06 萬億元，比上年年初預算增加1800億元

預計今年財政收入繼續恢復增長，加上調入資金等，一般公共預算支出規模 28.5萬億元、比上年增加 1.1萬億元

擬安排地方政府專項債券 3.9萬億元、比上年增加1000億元

為系統解決強國建設、民族復興進程中一些重大項目建設的資金問題，從今年開始擬連續幾年發行超長期特別國債，專項用於國家重大戰略實施和重點領域安全能力建設，今年先發行 1 萬億元

現在很多方面都需要增加財政投入，要大力優化支出結構，強化國家重大戰略任務和基本民生財力保障，嚴控一般性支出

中央財政加大對地方均衡性轉移支付力度、適當向困難地區傾斜，省級政府要推動財力下沉，兜牢基層「三保」底線

落實好結構性減稅降費政策，重點支持科技創新和製造業發展

嚴肅財經紀律，加強財會監督，嚴禁搞面子工程、形象工程，堅決制止鋪張浪費

各級政府要習慣過緊日子，真正精打細算，切實把財政資金用在刀刃上、用出實效來

力優化支出結構，強化國家重大戰略任務和基本民生財力保障，嚴控一般性支出。中央財政加大對地方均衡性轉移支付力度、適當向困難地區傾斜，省級政府要推動財力下沉，兜牢基層「三保」底線。落實好結構性減稅降費政策，重點支持科技創新和製造業發展。嚴肅財經紀律，加強財會監督，嚴禁搞面子工程、形象工程，堅決制止鋪張浪費。各級政府要習慣過緊日子，真正精打細算，切實把財政資金用在刀刃上、用出實效來。

穩健的貨幣政策要靈活適度、精準有效。保持流動性合理充裕，社會融資規模、貨幣供應量同經濟增長和價格水平預期目標相匹配。加強總量和結構雙重調節，盤活存量、提升效能，加大對重大戰略、重點領域和薄弱環節的支持力度。促進社會綜合融資成本穩中有降。暢通貨幣政策傳導機制，避免資金沉澱空轉。增強資本市場內在穩定性。保持人民幣匯率在合理均衡水平上的基本穩定。大力發展科技金融、綠色金融、普惠金融、養老金融、數字金融。優化融資增信、風險分擔、信息共享等配套措施，更好滿足中小微企業融資需求。

增強宏觀政策取向一致性。圍繞發展大局，加強財政、貨幣、就業、產業、區域、科技、環保等政策協調配合，把非經濟性政策納入宏觀政策取向一致性評估，強化政策統籌，確保同向發力、形成合力。各地區各部門制定政策要認真聽取和吸納各方面意見，涉企政策要注重與市場溝通、回應企業關切。實施政策要強化協同聯動、放大組合效應，防止顧此失彼、相互掣肘。研究儲備政策要增強前瞻性、豐富工具箱，並留出冗

〔名詞解釋〕

增強資本市場內在穩定性

增強資本市場內在穩定性就是要重視資本市場內生穩定機制建設，提升市場韌性，堅持系統思維、底線思維、極限思維，綜合施策。「一個基石」和「五個支柱」的監管思路，有利於增強資本市場的內在穩定性，「一個基石」，就是高質量的上市公司，有穩定的回報或者可以期待的成長性。「五個支柱」，一是更合理的資金結構，要堅持長短結合，市場上長錢短錢都是需要的，但是更缺的是長錢，同樣缺的是長期主義，也需要堅持價值投資、理性投資、長期投資的理念，這是資本市場要努力推進的。二是更完善的基礎制度，資本市場規範性要求極高，要通過不斷深化改革，把各項基礎制度搞扎實，增強制度的適應性、穩定性、可預期性。三是更有效的市場調節機制，要看到市場運行有其自身規律，正常情況下不應干預。但是，一旦市場嚴重脫離基本面，該出手就果斷出手，糾正市場失靈。四是更優質的專業服務，包括證券公司、基金公司等，要進一步回歸本源，勤勉盡責，把功能性放在首位，提供更高質量的服務。五是更嚴格的監管執法，對一些重大的違法違規行為、涉及犯罪的，加強行刑對接，有些在追究刑事責任的同時還要追究民事責任。

〔延伸閱讀〕

五大金融

2023 年 10 月 30 日至 31 日召開的中央金融工作會議指出，做好科技金融、綠色金融、普惠金融、養老金融、數字金融五篇大文章。這為未來金融如何支持實體經濟指明了方向。

金融業要圍繞科技金融、綠色金融、普惠金融、養老金融、數字金融五大方向推進業務創新。在科技金融上要打破過去貼標籤式服務模式，更多專注在科技創新路徑、科技創新企業全生命周期特徵等方面，創設更多科創金融服務產品。在綠色金融上要加快轉變綠色信貸獨大的結構性失衡特徵，加快發展綠色債券、綠色資產證券化和碳交易市場，不斷豐富綠色金融的內涵。在普惠金融上要加大普惠金融產品供給，加強金融服務與科技、農業、教育、醫療等領域的融合，提高普惠金融服務的覆蓋率和效益。在養老金融上要加快補齊短板，引導居民不斷加大養老投資，構建多元養老金融體系。在數字金融上要從數字企業創新和轉型發展的需求出發，通過數據要素的資本化來推進數字經濟大發展。

餘度，確保一旦需要就能及時推出、有效發揮作用。加強對政策執行情況的跟蹤評估，以企業和群眾滿意度為重要標尺，及時進行調整和完善。精準做好政策宣傳解讀，營造穩定透明可預期的政策環境。

完成今年發展目標任務，必須深入貫徹習近平經濟思想，集中精力推動高質量發展。強化系統觀念，把握和處理好重大關係，從整體上深入謀劃和推進各項工作。堅持質量第一、效益優先，繼續固本培元，增強宏觀調控針對性有效性，注重從企業和群眾期盼中找準工作著眼點、政策發力點，努力實現全年增長目標。堅持高質量發展和高水平安全良性互動，在堅守安全底線的前提下，更多為發展想辦法、為企業助把力。堅持在發展中保障和改善民生，注重以發展思維看待補民生短板問題，在解決人民群眾急難愁盼中培育新的經濟增長點。從根本上說，推動高質量發展要靠改革。我們要以更大的決心和力度深化改革開放，促進有效市場和有為政府更好結合，持續激發和增強社會活力，推動高質量發展取得新的更大成效。

三、2024 年政府工作任務

黨中央對今年工作作出了全面部署，我們要深入貫徹落實，緊緊抓住主要矛盾，著力突破瓶頸制約，扎實做好各項工作。

高燃！一起感受新質生產力

（一）大力推進現代化產業體系建設，加快發

大力推進現代化產業體系建設，加快發展新質生產力

- 推動產業鏈供應鏈優化升級
- 積極培育新興產業和未來產業
- 深入推進數字經濟創新發展

著力擴大國內需求，推動經濟實現良性循環

- 促進消費穩定增長
- 積極擴大有效投資

更好統籌發展和安全，有效防範化解重點領域風險

- 穩妥有序處置風險隱患
- 健全風險防控長效機制
- 加強重點領域安全能力建設

堅持不懈抓好「三農」工作，扎實推進鄉村全面振興

- 加強糧食和重要農產品穩產保供
- 毫不放鬆鞏固拓展脫貧攻堅成果
- 穩步推進農村改革發展

深入實施科教興國戰略，強化高質量發展的基礎支撐

- 加強高質量教育體系建設
- 加快推動高水平科技自立自強
- 全方位培養用好人才

2024年 政府 工作任務

推動城鄉融合和區域協調發展，大力優化經濟佈局

- 積極推進新型城鎮化
- 提高區域協調發展水平

加強生態文明建設，推進綠色低碳發展

- 推動生態環境綜合治理
- 大力發展綠色低碳經濟
- 積極穩妥推進碳達峰碳中和

堅定不移深化改革，增強發展內生動力

- 激發各類經營主體活力
- 加快全國統一大市場建設
- 推進財稅金融等領域改革

擴大高水平對外開放，促進互利共贏

- 推動外貿質升量穩
- 加大吸引外資力度
- 推動高質量共建「一帶一路」走深走實
- 深化多雙邊和區域經濟合作

切實保障和改善民生，加強和創新社會治理

- 多措並舉穩就業促增收
- 提高醫療衛生服務能力
- 加強社會保障和服務
- 豐富人民群眾精神文化生活
- 維護國家安全和社會穩定

展新質生產力。充分發揮創新主導作用，以科技創新推動產業創新，加快推進新型工業化，提高全要素生產率，不斷塑造發展新動能新優勢，促進社會生產力實現新的躍升。

〔延伸閱讀〕

新質生產力

　　新質生產力是 2023 年 9 月習近平總書記在黑龍江考察調研期間首次提到的新的詞彙。習近平總書記強調，整合科技創新資源，引領發展戰略性新興產業和未來產業，加快形成新質生產力。

　　新質生產力，是以科技創新為主的生產力，是擺脫了傳統增長路徑、符合高質量發展要求的生產力，是數字時代更具融合性、更體現新內涵的生產力。以大數據、互聯網、雲計算、區塊鏈及人工智能等工具體系為代表的生產力，是完全不同於傳統的新質生產力，會帶來根本不同於以往的新質發展。

　　當前加快發展新質生產力要把握好三點：一是打造新型勞動者隊伍。包括能夠創造新質生產力的戰略人才和能夠熟練掌握新質生產資料的應用型人才。二是用好新型生產工具。特別是掌握關鍵核心技術，賦能發展新興產業。技術層面要補短板、築長板、重視通用技術。產業層面要鞏固戰略性新興產業、提前佈局未來產業、改造提升傳統產業。三是塑造適應新質生產力的生產關係。通過改革開放著力打通束縛新質生產力發展的堵點卡點，讓各類先進優質生產要素向發展新質生產力順暢流動和高效配置。

　　推動產業鏈供應鏈優化升級。保持工業經濟平穩運行。實施製造業重點產業鏈高質量發展行動，著力補齊短板、拉長長板、鍛造新板，增強產業鏈供應鏈韌性和競爭力。實施製造業技術改造升級工程，培育壯大先進製造業集群，創建國家新型工業化示範區，推動傳統產業高端化、智能化、綠色化轉型。加快發展現代生產性服務業。促進中小企業專精特新發展。弘揚工匠精神。加強標準引領和質量支撐，打造更多有國際影響

力的「中國製造」品牌。

　　積極培育新興產業和未來產業。實施產業創新工程，完善產業生態，拓展應用場景，促進戰略性新興產業融合集群發展。鞏固擴大智能網聯新能源汽車等產業領先優勢，加快前沿新興氫能、新材料、創新藥等產業發展，積極打造生物製造、商業航天、低空經濟等新增長引擎。制定未來產業發展規劃，開闢量子技術、生命科學等新賽道，創建一批未來產業先導區。鼓勵發展創業投資、股權投資，優化產業投資基金功能。加強重點行業統籌佈局和投資引導，防止產能過剩和低水平重複建設。

▶ 實施產業創新工程
　　完善產業生態
　　拓展應用場景
　　促進戰略性新興產業融合集群發展

▶ 鞏固擴大智能網聯新能源汽車等產業領先優勢
　　加快前沿新興氫能、新材料、創新藥等產業發展
　　積極打造生物製造、商業航天、低空經濟等新增長引擎

▶ 制定未來產業發展規劃
　　開闢量子技術、生命科學等新賽道
　　創建一批未來產業先導區

▶ 鼓勵發展創業投資、股權投資
　　優化產業投資基金功能

▶ 加強重點行業統籌佈局和投資引導
　　防止產能過剩和低水平重複建設

積極培育新興產業和未來產業

　　深入推進數字經濟創新發展。制定支持數字經濟高質量發展政策，積極推進數字產業化、產業數字化，促進數字技術和實體經濟深度融合。深化大數據、人工智能等研發應用，開展「人工智能＋」行動，打造具有國際競爭力的數字產業集群。實施製造業數字化轉型行動，加快工業互聯網規模化應用，推進服務業數字化，建設智慧城市、數字鄉村。深入開展中小企業數字化賦能專項行動。支持平台企業在促進創新、增加就業、國際競爭中大顯身手。健全數據基礎制度，大力推動數據開發開放和流通使用。適度超前建設數字基礎設施，加快形成全國一體化算力體系，培育算力產業生態。我們要以廣泛深刻的數字變革，賦能經濟發展、豐富人民生活、提升社會治理現代化水平。

〔名詞解釋〕

「人工智能＋」

　　「人工智能＋」（Artificial Intelligence Plus）英文縮寫為「AI+」。它將「人工智能」作為當前行業科技化發展的核心特徵並提取出來，與工業、商業、金融業等行業全面融合，推動經濟形態不斷發生演變，從而帶動社會經濟實體的生命力。

　　「AI+」就是「AI+各個行業」，但這不是簡單的兩者相加，而是利用人工智能技術以及互聯網平台，讓人工智能與傳統行業、新興行業進行深度融合，創造新的發展生態。它代表一種新的社會形態，即充分發揮「人工智能」在社會中的作用，將「人工智能」的創新成果深度融合於經濟、社會各域之中，提升全社會的創新力和生產力，形成更廣泛的以互聯網為基礎設施和實現工具的經濟發展新形態。根據賽迪研究院數據，2023 年，我國人工智能核心產業規模已達 5000 億元人民幣，企業數量超過 4400 家。下一步，人工智能的應用將從實驗走向生產，人工智能技術將更深地應用到核心業務中。

（二）深入實施科教興國戰略，強化高質量發展的基礎支撐。堅持教育強國、科技強國、人才強國建設一體統籌推進，創新鏈產業鏈資金鏈人才鏈一體部署實施，深化教育科技人才綜合改革，為現代化建設提供強大動力。

加強高質量教育體系建設。全面貫徹黨的教育方針，堅持把高質量發展作為各級各類教育的生命線。制定實施教育強國

深入推進數字經濟創新發展
▶ 制定支持數字經濟高質量發展政策 積極推進數字產業化、產業數字化 促進數字技術和實體經濟深度融合
▶ 深化大數據、人工智能等研發應用 開展「人工智能＋」行動 打造具有國際競爭力的數字產業集群
▶ 實施製造業數字化轉型行動 加快工業互聯網規模化應用 推進服務業數字化 建設智慧城市、數字鄉村
▶ 深入開展中小企業數字化賦能專項行動
▶ 支持平台企業在促進創新、增加就業、國際競爭中大顯身手
▶ 健全數據基礎制度 大力推動數據開發開放和流通使用
▶ 適度超前建設數字基礎設施 加快形成全國一體化算力體系 培育算力產業生態

建設規劃綱要。落實立德樹人根本任務，推進大中小學思想政治教育一體化建設。開展基礎教育擴優提質行動，加快義務教育優質均衡發展和城鄉一體化，改善農村寄宿制學校辦學條件，持續深化「雙減」，推動學前教育普惠發展，加強縣域普通高中建設。減輕中小學教師非教學負擔。辦好特殊教育、繼續教育，引導規範民辦教育發展，大力提高職業教育質量。實施高等教育綜合改革試點，優化學科專業和資源結構佈局，加快建設中國特色、世界一流的大學和優勢學科，建強應用型本科高校，增強中西部地區高校辦學實力。加強學生心理健康教育。大力發展數字教育。弘揚教育家精神，建設高素質專業化教師隊伍。我們要堅持教育優先發展，加快推進教育現代化，厚植人民幸福之本，夯實國家富強之基。

〔延伸閱讀〕

開展基礎教育擴優提質行動

建設教育強國，基點在基礎教育。2023 年 7 月 26 日，教育部、國家發展改革委、財政部聯合印發《關於實施新時代基礎教育擴優提質行動計劃的意見》。該意見明確到 2027 年，適應新型城鎮化發展和學齡人口變化趨勢的城鄉中小學幼兒園學位供給調整機制基本建立，優質教育資源擴充機制更加健全，學前教育優質普惠、義務教育優質均衡、普通高中優質特色、特殊教育優質融合發展的格局基本形成。鞏固提升普惠性幼兒園覆蓋率，公辦園在園幼兒佔比力爭達到 60% 以上；擴增一批新優質義務教育學校，義務教育優質學位供給大幅增加；培育一批優質特色高中，普通高中多樣化發展扎實推進，高中階段毛入學率持續提升；特殊教育學校在 20 萬人口以上的縣基本實現全覆蓋，融合教育水平顯著提升，適齡殘疾兒童義務教育入學率保持在 97% 以上。

　　加快推動高水平科技自立自強。充分發揮新型舉國體制優勢，全面提升自主創新能力。強化基礎研究系統佈局，長期穩定支持一批創新基地、優勢團隊和重點方向，增強原始創新能力。瞄準國家重大戰略需求和產業發展需要，部署實施一批重大科技項目。集成國家戰略科技力量、社會創新資源，推進關鍵核心技術協同攻關，加強顛覆性技術和前沿技術研究。完善國家實驗室運行管理機制，發揮國際和區域科技創新中心輻射帶動作用。加快重大科技基礎設施體系化佈局，推進共性技

〔延伸閱讀〕

實施高等教育綜合改革試點

　　2023 年 7 月 6 日，教育部把實施高等教育綜合改革試點戰略工程，作為 2023 年九項重大工程之一推出。2024 年 3 月 1 日，教育部在新聞發佈會上表示，高等教育將聚焦新質生產力建設新要求，深入推進「新專業建設、專業建設新要求、交叉融合再出新」，體系化推進新工科、新醫科、新農科、新文科建設。

　　實施高等教育綜合改革試點，主要目標就是創新。一是要大大提高高等教育人才創新能力；二是要大大提高高等教育科技創新能力，為實現中國式現代化提供強有力的基礎支撐和戰略先導力量。主要任務是「兩個先行先試」。一是要在全面提高人才自主培養質量，培養一頂一的拔尖創新人才方面先行先試；二是要在提高服務國家和區域經濟社會發展能力和水平的「適配度」上先行先試。主要路徑和方法是「三個有組織」。一是有組織培養拔尖創新人才；二是有組織推進科技創新；三是圍繞國家重大戰略需求和區域主導先導產業，有組織服務國家和區域經濟社會發展。

　　在工作推進中，堅持「三個融合」。一是深化職普融通，把區域內大學和高職聯動起來，培養全鏈條、各類型的拔尖創新人才；二是深化產教融合，把延伸教育鏈、服務產業鏈、支撐供應鏈、打造人才鏈、提升價值鏈作為綜合改革的一項重要內容；三是強化科教融匯，將科技前沿成果融入核心課程、核心教材、核心實踐等人才培養環節，用高水平科研來支撐高質量人才培養，以服務經濟社會高質量發展。

術平台、中試驗證平台建設。強化企業科技創新主體地位，激勵企業加大創新投入，深化產學研用結合，支持有實力的企業牽頭重大攻關任務。加強健康、養老、助殘等民生科技研發應用。加快形成支持全面創新的基礎制度，深化科技評價、科技獎勵、科研項目和經費管理制度改革，健全「揭榜掛帥」機制。加強知識產權保護，制定促進科技成果轉化應用的政策舉措。廣泛開展科學普及。培育創新文化，弘揚科學家精神，涵養優良學風。擴大國際科技交流合作，營造具有全球競爭力的開放創新生態。

全方位培養用好人才。實施更加積極、更加開放、更加有效的人才政策。推進高水平人才高地和吸引集聚人才平台建設，促進人才區域合理佈局和協調發展。加快建設國家戰略人才力量，努力培養造就更多一流科技領軍人才和創新團隊，完善拔尖創新人才發現和培養機制，建設基礎研究人才培養平台，打造卓越工程師和高技能人才隊伍，加大對青年科技人才支持力度。積極推進人才國際交流。加快建立以創新價值、能力、貢獻為導向的人才評價體系，優化工作生活保障和表彰獎勵制度。我們要在改善人才發展環境上持續用力，形成人盡其才、各展其能的良好局面。

（三）著力擴大國內需求，推動經濟實現良性循環。把實施擴大內需戰略同深化供給側結構性改革有機結合起來，更好統籌消費和投資，增強對經濟增長的拉動作用。

促進消費穩定增長。從增加收入、優化供給、減少限制性措施等方面綜合施策，激發消費潛能。培育壯大新型消費，實

〔名詞解釋〕

培育壯大新型消費

　　近年來，我國以網絡購物、線上線下融合等新業態新模式為特徵的新型消費迅速發展，在保障居民日常生活需要、推動消費恢復和升級、促進經濟企穩回升等方面發揮重要作用。2023 年 12 月 11 日至 12 日召開的中央經濟工作會議指出，培育壯大新型消費。

　　為培育和壯大新型消費，國務院辦公廳印發的《關於以新業態新模式引領新型消費加快發展的意見》提出，「促進新型消費發展的體制機制和政策體系更加完善」，「到 2025 年，培育形成一批新型消費示範城市和領先企業，實物商品網上零售額佔社會消費品零售總額比重顯著提高」。國家發展改革委等部門聯合印發《加快培育新型消費實施方案》，面向零售、在線教育、文旅、體育、醫療等領域新型消費業態，提出有針對性的政策舉措，進一步培育新型消費。國務院辦公廳印發的《關於進一步釋放消費潛力促進消費持續恢復的意見》要求，促進新型消費，加快線上線下消費有機融合。2023 年 7 月，國務院辦公廳轉發國家發展改革委《關於恢復和擴大消費的措施》，明確將拓展新型消費作為重點之一，提出「壯大數字消費」「推廣綠色消費」。各部門也採取措施進一步恢復和擴大消費。

施數字消費、綠色消費、健康消費促進政策，積極培育智能家居、文娛旅遊、體育賽事、國貨「潮品」等新的消費增長點。穩定和擴大傳統消費，鼓勵和推動消費品以舊換新，提振智能網聯新能源汽車、電子產品等大宗消費。推動養老、育幼、家政等服務擴容提質，支持社會力量提供社區服務。優化消費環境，開展「消費促進年」活動，實施「放心消費行動」，加強消費者權益保護，落實帶薪休假制度。實施標準提升行動，加快構建適應高質量發展要求的標準體系，推動商品和服務質量不斷提高，更好滿足人民群眾改善生活需要。

〔延伸閱讀〕

國貨「潮品」

2023 年 12 月 11 日至 12 日召開的中央經濟工作會議明確「著力擴大國內需求」，積極培育智能家居、文娛旅遊、體育賽事、國貨「潮品」等新的消費增長點。這是中央經濟工作會議首次提及「國貨『潮品』」的概念。

國貨「潮品」承載著人們對美好生活的向往，也彰顯著對中國品牌的自信。越來越多的消費者願意為堅持自主創新、堅守國民情懷的國貨買單，像國產新手機一機難求，國貨美妝迅速崛起。新能源汽車、鋰電池、光伏產品等一大批「國貨之光」還走出國門，積極融入全球市場，成為全球的知名品牌。

積極擴大有效投資。發揮好政府投資的帶動放大效應，重點支持科技創新、新型基礎設施、節能減排降碳，加強民生等經濟社會薄弱領域補短板，推進防洪排澇抗災基礎設施建設，推動各類生產設備、服務設備更新和技術改造，加快實施「十四五」規劃重大工程項目。今年中央預算內投資擬安排 7000 億元。合理擴大地方政府專項債券投向領域和用作資本金範圍，額度分配向項目準備充分、投資效率較高的地區傾斜。統籌用好各類資金，防止低效無效投資。深化投資審批制度改革。著力穩定和擴大民間投資，落實和完善支持政策，實施政府和社會資本合作新機制，鼓勵民間資本參與重大項目建設。進一步拆除各種藩籬，在更多領域讓民間投資進得來、能發展、有作為。

（四）堅定不移深化改革，增強發展內生動力。推進重點領域和關鍵環節改革攻堅，充分發揮市場在資源配置中的決定

性作用，更好發揮政府作用，營造市場化、法治化、國際化一流營商環境，推動構建高水平社會主義市場經濟體制。

激發各類經營主體活力。國有企業、民營企業、外資企業都是現代化建設的重要力量。要不斷完善落實「兩個毫不動搖」的體制機制，為各類所有制企業創造公平競爭、競相發展的良好環境。完善中國特色現代企業制度，打造更多世界一流企業。深入實施國有企業改革深化提升行動，做強做優主業，增強核心功能、提高核心競爭力。建立國有經濟佈局優化和結構調整指引制度。全面落實促進民營經濟發展壯大的意見及配套舉措，進一步解決市場准入、要素獲取、公平執法、權益保護等方面存在的突出問題。提高民營企業貸款佔比、擴大發債融資規模，加強對個體工商戶分類幫扶支持。實施降低物流成本行動，健全防範化解拖欠企業賬款長效機制，堅決查處亂收費、亂罰款、亂攤派。弘揚優秀企業家精神，積極支持企業家專注創新發展、敢幹敢闖敢投、踏踏實實把企業辦好。

加快全國統一大市場建設。制定全國統一大市場建設標準指引。著力推動產權保護、市場准入、公平競爭、社會信用等方面制度規則統一。深化要素市場化配置綜合改革試點。出台公平競爭審查行政法規，完善重點領域、新興領域、涉外領域監管規則。專項治理地方保護、市場分割、招商引資不當競爭等突出問題，加強對招投標市場的規範和管理。堅持依法監管，嚴格落實監管責任，提升監管精準性和有效性，堅決維護公平競爭的市場秩序。

推進財稅金融等領域改革。建設高水平社會主義市場經濟

體制改革先行區。謀劃新一輪財稅體制改革，落實金融體制改革部署，加大對高質量發展的財稅金融支持。深化電力、油氣、鐵路和綜合運輸體系等改革，健全自然壟斷環節監管體制機制。深化收入分配、社會保障、醫藥衛生、養老服務等社會民生領域改革。

（五）擴大高水平對外開放，促進互利共贏。主動對接高標準國際經貿規則，穩步擴大制度型開放，增強國內國際兩個市場兩種資源聯動效應，鞏固外貿外資基本盤，培育國際經濟合作和競爭新優勢。

推動外貿質升量穩。加強進出口信貸和出口信保支持，優化跨境結算、匯率風險管理等服務，支持企業開拓多元化市場。促進跨境電商等新業態健康發展，優化海外倉佈局，支持加工貿易提檔升級，拓展中間品貿易、綠色貿易等新增長點。積極擴大優質產品進口。完善邊境貿易支持政策。全面實施跨境服務貿易負面清單。出台服務貿易、數字貿易創新發展政策。加快內外貿一體化發展。辦好進博會、廣交會、服貿會、數貿會、消博會等重大展會。加快國際物流體系建設，打造智慧海關，助力外貿企業降本提效。

加大吸引外資力度。繼續縮減外資准入負面清單，全面取消製造業領域外資准入限制措施，放寬電信、醫療等服務業市場准入。擴大鼓勵外商投資產業目錄，鼓勵外資企業境內再投資。落實好外資企業國民待遇，保障依法平等參與政府採購、招標投標、標準制定，推動解決數據跨境流動等問題。加強外商投資服務保障，打造「投資中國」品牌。提升外籍人員來

〔名詞解釋〕

打造「投資中國」品牌

2023 年 12 月 11 日至 12 日召開的中央經濟工作會議強調，「持續建設市場化、法治化、國際化一流營商環境，打造『投資中國』品牌。」

近年來，我國通過搭建進博會、服貿會、鏈博會等合作平台，深化多雙邊和區域經貿合作，塑造了「投資中國」品牌，全方位展示了中國資源稟賦、產業基礎、營商環境，成為各國投資者走進中國、了解中國、投資中國的重要渠道。

2024 年打造「投資中國」品牌將持續發力。一是穩步推進制度型開放，主動對標國際高標準經貿規則，全面取消製造業外資准入限制，擴大電信、醫療等服務業開放，保障內外資依法平等進入負面清單之外的領域，也要積極回應外資企業訴求，認真解決數據跨境流動、平等參與政府採購等問題。二是進一步便利中外人員往來，提升外籍人員來華經商、學習、旅遊的便利化水平。既要積極向全球展現中國的投資環境和政策優勢、為投資者提供高效專業的服務、推動投資便利化和自由化，也應鼓勵和支持本土企業加強品牌建設，增強投資者對中國企業的信心和認可度，建立良好的投資生態，為中外投資者提供一個穩定、透明、可預期的投資環境，贏得全球投資者的信任和支持。

華工作、學習、旅遊便利度，優化支付服務。深入實施自貿試驗區提升戰略，賦予自貿試驗區、海南自由貿易港等更多自主權，推動開發區改革創新，打造對外開放新高地。

推動高質量共建「一帶一路」走深走實。抓好支持高質量共建「一帶一路」八項行動的落實落地。穩步推進重大項目合作，實施一批「小而美」民生項目，積極推動數字、綠色、創新、健康、文旅、減貧等領域合作。加快建設西部陸海新通道。

深化多雙邊和區域經濟合作。推動落實已生效自貿協定，與更多國家和地區商簽高標準自貿協定和投資協定。推進中

〔名詞解釋〕

支持高質量共建「一帶一路」八項行動

2023 年 10 月 18 日，第三屆「一帶一路」國際合作高峰論壇開幕式在北京舉行。國家主席習近平出席開幕式並發表主旨演講，宣佈中國支持高質量共建「一帶一路」的八項行動：一、構建「一帶一路」立體互聯互通網絡。二、支持建設開放型世界經濟。三、開展務實合作。四、促進綠色發展。五、推動科技創新。六、支持民間交往。七、建設廉潔之路。八、完善「一帶一路」國際合作機制。

國—東盟自貿區 3.0 版談判，推動加入《數字經濟夥伴關係協定》、《全面與進步跨太平洋夥伴關係協定》。全面深入參與世貿組織改革，推動建設開放型世界經濟，讓更多合作共贏成果惠及各國人民。

（六）更好統籌發展和安全，有效防範化解重點領域風險。堅持以高質量發展促進高水平安全，以高水平安全保障高質量發展，標本兼治化解房地產、地方債務、中小金融機構等風險，維護經濟金融大局穩定。

穩妥有序處置風險隱患。完善重大風險處置統籌協調機制，壓實企業主體責任、部門監管責任、地方屬地責任，提升處置效能，牢牢守住不發生系統性風險的底線。優化房地產政策，對不同所有制房地產企業合理融資需求要一視同仁給予支持，促進房地產市場平穩健康發展。統籌好地方債務風險化解和穩定發展，進一步落實一攬子化債方案，妥善化解存量債務風險、嚴防新增債務風險。穩妥推進一些地方的中小金融機構風險處置。嚴厲打擊非法金融活動。

健全風險防控長效機制。適應新型城鎮化發展趨勢和房地產市場供求關係變化，加快構建房地產發展新模式。加大保障性住房建設和供給，完善商品房相關基礎性制度，滿足居民剛性住房需求和多樣化改善性住房需求。建立同高質量發展相適應的政府債務管理機制，完善全口徑地方債務監測監管體系，分類推進地方融資平台轉型。健全金融監管體制，提高金融風險防控能力。

〔名詞解釋〕

房地產發展新模式

房地產發展新模式是指實現房住不炒、租購並舉的模式。黨的二十大報告以及《擴大內需戰略規劃綱要（2022—2035 年）》對房地產要求是堅持「房子是用來住的、不是用來炒的」定位，加快建立多主體供給、多渠道保障、租購並舉的住房制度。構建房地產發展新模式是破解房地產發展難題、促進房地產市場平穩健康發展的治本之策。過去在解決「有沒有」時追求速度和數量的發展模式，已不適應現在解決「好不好」問題、高質量發展階段的新要求，亟須構建新的發展模式。房地產發展新模式應該注重市場供需關係，以滿足剛性和改善性住房需求為重點，努力讓人民群眾住上好房子。「以人定房，以房定地、以房定錢，防止市場大起大落」。加快構建房地產發展新模式，一方面是建立既有市場又有保障的住房體系；另一方面是結束高負債、高槓桿、高周轉的發展模式，全力聚焦「防風險＋保民生＋促消費」三大方面，促進房地產發展轉型。

加強重點領域安全能力建設。完善糧食生產收儲加工體系，全方位夯實糧食安全根基。推進國家水網建設。強化能源資源安全保障，加大油氣、戰略性礦產資源勘探開發力度。加快構建大國儲備體系，加強重點儲備設施建設。提高網絡、數據等安全保障能力。有效維護產業鏈供應鏈安全穩定，支撐國

更好統籌發展和安全，有效防範化解重點領域風險

穩妥有序處置風險隱患

完善重大風險處置統籌協調機制，壓實企業主體責任、部門監管責任、地方屬地責任，提升處置效能，牢牢守住不發生系統性風險的底線

優化房地產政策，對不同所有制房地產企業合理融資需求要一視同仁給予支持，促進房地產市場平穩健康發展

統籌好地方債務風險化解和穩定發展，進一步落實一攬子化債方案，妥善化解存量債務風險、嚴防新增債務風險

穩妥推進一些地方的中小金融機構風險處置

嚴厲打擊非法金融活動

健全風險防控長效機制

適應新型城鎮化發展趨勢和房地產市場供求關係變化，加快構建房地產發展新模式

加大保障性住房建設和供給，完善商品房相關基礎性制度，滿足居民剛性住房需求和多樣化改善性住房需求

建立同高質量發展相適應的政府債務管理機制，完善全口徑地方債務監測監管體系，分類推進地方融資平台轉型

健全金融監管體制，提高金融風險防控能力

加強重點領域安全能力建設

完善糧食生產收儲加工體系，全方位夯實糧食安全根基

推進國家水網建設

強化能源資源安全保障，加大油氣、戰略性礦產資源勘探開發力度

加快構建大國儲備體系，加強重點儲備設施建設

提高網絡、數據等安全保障能力

有效維護產業鏈供應鏈安全穩定，支撐國民經濟循環暢通

民經濟循環暢通。

（七）堅持不懈抓好「三農」工作，扎實推進鄉村全面振興。錨定建設農業強國目標，學習運用「千村示範、萬村整治」工程經驗，因地制宜、分類施策，循序漸進、久久為功，推動鄉村全面振興不斷取得實質性進展、階段性成果。

〔延伸閱讀〕

千村示範、萬村整治

2003 年，時任浙江省委書記的習近平同志在廣泛深入調查研究基礎上，立足浙江省情農情和發展階段特徵，準確把握經濟社會發展規律和趨勢，作出了實施「千村示範、萬村整治」工程（「千萬工程」）的戰略決策，在浙江近四萬個村莊中選擇一萬個左右的行政村進行全面整治，把其中一千個左右的中心村建設成全面小康示範村，並以此為龍頭，深入推進社會主義新農村建設。二十年來，浙江持之以恆實施「千萬工程」，從「千村示範、萬村整治」到「千村精品、萬村美麗」、再到「千村未來、萬村共富」，造就了萬千美麗鄉村。2021 年，中共中央辦公廳、國務院辦公廳印發《農村人居環境整治提升五年行動方案（2021—2025 年）》，要求「深入學習推廣浙江『千村示範、萬村整治』工程經驗」。2023 年，中央財辦等部門印發《關於有力有序有效推廣浙江「千萬工程」經驗的指導意見》。2024 年 1 月，中共中央、國務院發佈《關於學習運用「千村示範、萬村整治」工程經驗有力有效推進鄉村全面振興的意見》。

加強糧食和重要農產品穩產保供。穩定糧食播種面積，鞏固大豆擴種成果，推動大面積提高單產。適當提高小麥最低收購價，在全國實施三大主糧生產成本和收入保險政策，健全種糧農民收益保障機制。加大產糧大縣支持力度，完善主產區利益補償機制。擴大油料生產，穩定畜牧業、漁業生產能力，發展現代設施農業。支持節水農業、旱作農業發展。加強

▶ 穩定糧食播種面積
　穩固大豆擴種成果
　推動大面積提高單產

▶ 適當提高小麥最低收購價
　在全國實施三大主糧生產成本和收入保險政策
　健全種糧農民收益保障機制

▶ 加大產糧大縣支持力度
　完善主產區利益補償機制

▶ 擴大油料生產
　穩定畜牧業、漁業生產能力
　發展現代設施農業

▶ 支持節水農業、旱作農業發展

▶ 加強病蟲害和動物疫病防控

▶ 加大種業振興、農業關鍵核心技術攻關力度
　實施農機裝備補短板行動

▶ 嚴守耕地紅線
　完善耕地佔補平衡制度
　加強黑土地保護和鹽鹼地綜合治理
　提高高標準農田建設投資補助水平

▶ 各地區都要扛起保障國家糧食安全責任

▶ 踐行好大農業觀、大食物觀
　始終把飯碗牢牢端在自己手上

加強糧食和重要農產品穩產保供

病蟲害和動物疫病防控。加大種業振興、農業關鍵核心技術攻關力度，實施農機裝備補短板行動。嚴守耕地紅線，完善耕地佔補平衡制度，加強黑土地保護和鹽鹼地綜合治理，提高高標準農田建設投資補助水平。各地區都要扛起保障國家糧食安全責任。我們這樣一個人口大國，必須踐行好大農業觀、大食物觀，始終把飯碗牢牢端在自己手上。

毫不放鬆鞏固拓展脫貧攻堅成果。加強防止返貧監測和幫扶工作，確保不發生規模性返貧。支持脫貧地區發展特色優勢產業，推進防止返貧就業攻堅行動，強化易地搬遷後續幫扶。深化東西部協作和定點幫扶。加大對國家鄉村振興重點幫扶縣支持力度，建立健全農村低收入人口和欠發達地區常態化幫扶機制，讓脫貧成果更加穩固、成效更可持續。

穩步推進農村改革發展。深化農村土地制度改革，啟動第二輪土地承包到期後再延長 30 年整省試點。深化集體產權、集體林權、農墾、供銷社等改革，促進新型農村集體經濟發展。著眼促進農民增收，壯大鄉村富民產業，發展新型農業經營主體和社會化服務，培養用好鄉村人才。繁榮發展鄉村文化，持續推進農村移風易俗。深入實施鄉村建設行動，大力改善農村水電路氣信等基礎設施和公共服務，加強充電樁、冷鏈物流、寄遞配送設施建設，加大農房抗震改造力度，持續改善農村人居環境，建設宜居宜業和美鄉村。

（八）推動城鄉融合和區域協調發展，大力優化經濟佈局。深入實施區域協調發展戰略、區域重大戰略、主體功能區戰略，把推進新型城鎮化和鄉村全面振興有機結合起來，加快

構建優勢互補、高質量發展的區域經濟格局。

積極推進新型城鎮化。我國城鎮化還有很大發展提升空間。要深入實施新型城鎮化戰略行動，促進各類要素雙向流動，形成城鄉融合發展新格局。把加快農業轉移人口市民化擺在突出位置，深化戶籍制度改革，完善「人地錢」掛鈎政策，讓有意願的進城農民工在城鎮落戶，推動未落戶常住人口平等享受城鎮基本公共服務。培育發展縣域經濟，補齊基礎設施和公共服務短板，使縣城成為新型城鎮化的重要載體。注重以城市群、都市圈為依託，促進大中小城市協調發展。推動成渝地區雙城經濟圈建設。穩步實施城市更新行動，推進「平急兩用」公共基礎設施建設和城中村改造，加快完善地下管網，推動解決老舊小區加裝電梯、停車等難題，加強無障礙環境、適老化設施建設，打造宜居、智慧、韌性城市。新型城鎮化要處處體現以人為本，提高精細化管理和服務水平，讓人民群眾享有更高品質的生活。

提高區域協調發展水平。充分發揮各地區比較優勢，按照主體功能定位，積極融入和服務構建新發展格局。深入實施西部大開發、東北全面振興、中部地區加快崛起、東部地區加快推進現代化等戰略，提升東北和中西部地區承接產業轉移能力。支持京津冀、長三角、粵港澳大灣區等經濟發展優勢地區更好發揮高質量發展動力源作用。抓好標誌性項目在雄安新區落地建設。持續推進長江經濟帶高質量發展，推動黃河流域生態保護和高質量發展。支持革命老區、民族地區加快發展，加強邊疆地區建設，統籌推進興邊富民行動。優化重大生產力佈

局，加強國家戰略腹地建設。制定主體功能區優化實施規劃，完善配套政策。大力發展海洋經濟，建設海洋強國。

（九）加強生態文明建設，推進綠色低碳發展。深入踐行綠水青山就是金山銀山的理念，協同推進降碳、減污、擴綠、增長，建設人與自然和諧共生的美麗中國。

推動生態環境綜合治理。深入實施空氣質量持續改善行動計劃，統籌水資源、水環境、水生態治理，加強土壤污染源頭防控，強化固體廢物、新污染物、塑料污染治理。堅持山水林田湖草沙一體化保護和系統治理，加強生態環境分區管控。組織打好「三北」工程三大標誌性戰役，推進以國家公園為主體的自然保護地建設。加強重要江河湖庫生態保護治理。持續推進長江十年禁漁。實施生物多樣性保護重大工程。完善生態產品價值實現機制，健全生態保護補償制度，充分調動各方面保護和改善生態環境的積極性。

大力發展綠色低碳經濟。推進產業結構、能源結構、交通運輸結構、城鄉建設發展綠色轉型。落實全面節約戰略，加快重點領域節能節水改造。完善支持綠色發展的財稅、金融、投資、價格政策和相關市場化機制，推動廢棄物循環利用產業發展，促進節能降碳先進技術研發應用，加快形成綠色低碳供應鏈。建設美麗中國先行區，打造綠色低碳發展高地。

積極穩妥推進碳達峰碳中和。扎實開展「碳達峰十大行動」。提升碳排放統計核算核查能力，建立碳足跡管理體系，擴大全國碳市場行業覆蓋範圍。深入推進能源革命，控制化石能源消費，加快建設新型能源體系。加強大型風電光伏基地和

外送通道建設，推動分佈式能源開發利用，提高電網對清潔能源的接納、配置和調控能力，發展新型儲能，促進綠電使用和國際互認，發揮煤炭、煤電兜底作用，確保經濟社會發展用能需求。

（十）切實保障和改善民生，加強和創新社會治理。堅持以人民為中心的發展思想，履行好保基本、兜底線職責，採取更多惠民生、暖民心舉措，扎實推進共同富裕，促進社會和諧穩定，不斷增強人民群眾的獲得感、幸福感、安全感。

多措並舉穩就業促增收。就業是最基本的民生。要突出就業優先導向，加強財稅、金融等政策對穩就業的支持，加大促就業專項政策力度。落實和完善穩崗返還、專項貸款、就業和社保補貼等政策，加強對就業容量大的行業企業支持。預計今年高校畢業生超過 1170 萬人，要強化促進青年就業政策舉措，優化就業創業指導服務。扎實做好退役軍人就業安置工作，積極促進農民工就業，加強對殘疾人等就業困難人員幫扶。分類完善靈活就業服務保障措施，擴大新就業形態就業人員職業傷害保障試點。堅決糾正性別、年齡、學歷等就業歧視，保障農民工工資支付，完善勞動關係協商協調機制，維護勞動者合法權益。適應先進製造、現代服務、養老照護等領域人才需求，加強職業技能培訓。多渠道增加城鄉居民收入，擴大中等收入群體規模，努力促進低收入群體增收。

提高醫療衛生服務能力。繼續做好重點傳染病防控。居民醫保人均財政補助標準提高 30 元。促進醫保、醫療、醫藥協同發展和治理。推動基本醫療保險省級統籌，完善國家藥品集

▶ 突出就業優先導向
　加強財稅、金融等政策對穩就業的支持
　加大促就業專項政策力度

▶ 落實和完善穩崗返還、專項貸款、就業和社保補貼等政策
　加強對就業容量大的行業企業支持

▶ 預計今年高校畢業生超過1170萬人
　要強化促進青年就業政策舉措
　優化就業創業指導服務

▶ 扎實做好退役軍人就業安置工作，積極促進農民工就業
　加強對殘疾人等就業困難人員幫扶

▶ 分類完善靈活就業服務保障措施
　擴大新就業形態就業人員職業傷害保障試點

▶ 堅決糾正性別、年齡、學歷等就業歧視
　保障農民工工資支付
　完善勞動關係協商協調機制
　維護勞動者合法權益

▶ 適應先進製造、現代服務、養老照護等領域人才需求
　加強職業技能培訓

▶ 多渠道增加城鄉居民收入，擴大中等收入群體規模
　努力促進低收入群體增收

多措並舉穩就業促增收

中採購制度，強化醫保基金使用常態化監管，落實和完善異地就醫結算。深化公立醫院改革，以患者為中心改善醫療服務，推動檢查檢驗結果互認。著眼推進分級診療，引導優質醫療資源下沉基層，加強縣鄉村醫療服務協同聯動，擴大基層醫療衛生機構慢性病、常見病用藥種類。加強罕見病研究、診療服務和用藥保障。加快補齊兒科、老年醫學、精神衛生、醫療護理等服務短板，加強全科醫生培養培訓。促進中醫藥傳承創新，加強中醫優勢專科建設。完善疾病預防控制體系。深入開展健康中國行動和愛國衛生運動，築牢人民群眾健康防線。

　　加強社會保障和服務。實施積極應對人口老齡化國家戰略。城鄉居民基礎養老金月最低標準提高 20 元，繼續提高退休人員基本養老金，完善養老保險全國統籌。在全國實施個人

〔名詞解釋〕

第三支柱養老保險

　　中國的養老保險制度是一個「三支柱」的體系。第一支柱是基本養老保險，即人們常說的養老金，第二支柱即企業年金和職業年金，第三支柱包括個人儲蓄性養老保險和商業養老保險。第一支柱是現收現付，政府主導，保基本。第二支柱是用人單位主導，提待遇，也能幫助用人單位吸引人才。第三支柱以個人主導，工作時有一部分錢稅前繳納，退休取的時候再徵稅。

　　第三支柱養老保險是基於個人意願和完全積累制的個人養老儲蓄計劃，可為需要更多支付的人提供追加性保障。第三支柱目前主要是個人儲蓄型養老保險和商業養老保險，未來可能分別由銀行提供銀行理財產品、證券提供基金產品、保險提供商業養老保險產品。

　　發展第三支柱養老保險有利於實現多重結構優化。一是有利於優化養老保險體系。二是有利於優化金融體系結構。三是有利於優化科技創新體系。四是有利於優化社會結構。

〔名詞解釋〕

銀髮經濟

銀髮經濟是向老年人提供產品或服務，以及為老齡階段做準備等一系列經濟活動的總和。根據老年人群的基本需求和深層需求，可以將銀髮產業分成三個維度的產業：本位產業、相關產業、衍生產業。本位產業包括養老設施和機構、老年房地產、老年護理服務業、老年服飾、老年食品、老年醫療等。相關產業包括養老設施和機構供應鏈上的專業家具、專業設施、專業易耗品等；老年護理服務業供應鏈上的護理人員的培訓、勞務派遣、老年護理專業用品、治療和康復器械等；來自於老年人深層需求的娛樂、學習、旅遊、醫療保健、營養保健、心理諮詢等。衍生產業包括老年儲蓄投資理財產品、老年地產的倒按揭等金融產品，壽險產品的證券化產權產品、長期護理保險產品、老年融資等資本市場。本位產業、相關產業、衍生產業之間相互補充，形成經濟和社會效益的良性循環，共同促進銀髮產業的健康發展。

2024 年 1 月，國務院辦公廳發佈《關於發展銀髮經濟增進老年人福祉的意見》，這是國家出台的首個支持銀髮經濟發展的專門文件。未來，國家將著力培育高精尖產品和高質量服務模式，讓老年人共享發展成果，安享幸福晚年。

〔名詞解釋〕

長期護理保險制度

長期護理保險是指為長期失能人員的基本生活照料和醫療護理提供資金或服務保障的社會保險。隨著人口老齡化趨勢加劇，「一人失能，全家失衡」日益成為社會難題。2016 年，我國開始建立長期護理保險制度。2024 年 1 月 9 日召開的全國醫療保障工作會議上，醫保局在研究部署 2024 年的工作中指出：「按照黨中央、國務院決策部署，推動建立長期護理保險制度」。2024 年，醫保局明確將推進建立長護險制度，而不再是個別城市的試點。長護險作為一項保險制度，將在全國範圍內開展。

〔延伸閱讀〕

健全生育支持政策

2023 年 12 月 11 日至 12 日召開的中央經濟工作會議提出，加快完善生育支持政策體系。當前，我國人口發展呈現少子化、老齡化、區域人口增減分化的趨勢性特徵。2024 年要加強統籌協調，努力解決一批群眾關切的難點、堵點問題，推動減輕家庭負擔。一是著力構建長效工作機制。強化統籌規劃和頂層設計，建立健全領導協調機制；加強人口監測預警，跟蹤研判生育形勢和人口變動趨勢；深化人口重大問題研究，加強政策儲備；強化工作督導調度，及時總結推廣地方經驗做法，推動形成全國政策。二是加快出台配套支持措施。2023 年，國家將 3 歲以下嬰幼兒照護個人所得稅專項附加扣除標準從每個嬰幼兒每月 1000 元提高到 2000 元。10 多個省份在不同層級探索實施育兒補貼制度。北京、廣西率先按程序分別將 16 項、9 項輔助生殖類醫療服務項目納入基本醫保支付範圍。2024 年，將繼續加大協調力度，從提高優生優育水平、完善生育休假和待遇保障機制、強化住房稅收等支持措施、加強優質教育資源供給、構建生育友好的就業環境等方面，推動出台更多具體的支持措施。

養老金制度，積極發展第三支柱養老保險。做好退役軍人、軍屬和其他優撫對象服務保障。加強城鄉社區養老服務網絡建設，加大農村養老服務補短板力度。加強老年用品和服務供給，大力發展銀髮經濟。推進建立長期護理保險制度。健全生育支持政策，優化生育假期制度，完善經營主體用工成本合理共擔機制，多渠道增加託育服務供給，減輕家庭生育、養育、教育負擔。做好留守兒童和困境兒童關愛救助。加強殘疾預防和康復服務，完善重度殘疾人託養照護政策。健全分層分類的社會救助體系，統籌防止返貧和低收入人口幫扶政策，把民生兜底保障安全網織密紮牢。

習近平對宣傳思想文化工作作出重要指示

　　豐富人民群眾精神文化生活。深入學習貫徹習近平文化思想。廣泛踐行社會主義核心價值觀。發展哲學社會科學、新聞出版、廣播影視、文學藝術和檔案等事業。制定推動文化傳承發展的政策舉措。深入推進國家文化數字化戰略。深化全民閱讀

王滬寧出席「增強中華文明傳播力影響力」專題協商會並講話

活動。完善網絡綜合治理，培育積極健康、向上向善的網絡文化。創新實施文化惠民工程，提高公共文化場館免費開放服務水平。大力發展文化產業。開展第四次全國文物普查，加強文物系統性保護和合理利用。推進非物質文化遺產保護傳承。深化中外人文交流，提高國際傳播能力。加大體育改革力度。做好 2024 年奧運會、殘奧會備戰參賽工作。建好用好群眾身邊的體育設施，推動全民健身活動廣泛開展。

蔡奇出席二十屆首都規劃建設委員會第二次全體會議並講話

　　維護國家安全和社會穩定。貫徹總體國家安全觀，加強國家安全體系和能力建設。提高公共安全治理水平，推動治理模式向事前預防轉型。著力夯實安全生產和防災減災救災基層基礎，增強風險防範、應急處置和支撐保障能力。扎實開展安全生產治本攻堅三年行動，加強重點行業領域風險隱患排查整治，壓實各方責任，堅決遏制重特大事故發生。做好洪澇、乾旱、颱風、森林草原火災、地質災害、地震等防範應對，加強氣象服務。嚴格食品、藥品、特種設備等安全監管。完善社會治理體系。強化城鄉社區服務功能。引導支持社會組織、人道救助、志願服務、公益慈善等健康發展。保障婦女、兒童、老年人、

殘疾人合法權益。堅持和發展新時代「楓橋經驗」，推進矛盾糾紛預防化解，推動信訪工作法治化。加強公共法律服務。強化社會治安整體防控，推進掃黑除惡常態化，依法打擊各類違法犯罪活動，建設更高水平的平安中國。

各位代表！

新征程新使命，對政府工作提出了新的更高要求。各級政府及其工作人員要深刻領悟「兩個確立」的決定性意義，增強「四個意識」、堅定「四個自信」、做到「兩個維護」，自覺在思想上政治上行動上同以習近平同志為核心的黨中央保持高度一致，不斷提高政治判斷力、政治領悟力、政治執行力，把黨的領導貫穿政府工作各方面全過程。要把堅持高質量發展作為新時代的硬道理，把為民造福作為最重要的政績，努力建設人民滿意的法治政府、創新政府、廉潔政府和服務型政府，全面履行好政府職責。

深入推進依法行政。嚴格遵守憲法法律。自覺接受同級人大及其常委會的監督，自覺接受人民政協的民主監督，自覺接受社會和輿論監督。加強審計監督。堅持科學、民主、依法決策，制定政策要遵循規律、廣聚共識、於法有據。完善政務公開制度。全面推進嚴格規範公正文明執法。支持工會、共青團、婦聯等群團組織更好發揮作用。發揚自我革命精神，持之以恆正風肅紀反腐，縱深推進黨風廉政建設和反腐敗鬥爭。政府工作人員要遵守法紀、廉潔修身、勤勉盡責，乾乾淨淨為人民做事。

趙樂際出席全國人大常委會立法工作會議並講話

李希出席二十屆中央第二輪巡視工作動員部署會

全面提高行政效能。圍繞貫徹好、落實好黨中央決策部署，堅持優化協同高效，深入推進政府職能轉變，不斷提高執行力和公信力。堅持正確的思想方法和工作方法，勇於打破思維定勢和路徑依賴，積極謀劃用好牽引性、撬動性強的工作抓手，在抓落實上切實做到不折不扣、雷厲風行、求真務實、敢作善為，確保最終效果符合黨中央決策意圖，順應人民群眾期待。鞏固拓展主題教育成果，大興調查研究，落實「四下基層」制度。加快數字政府建設。以推進「高效辦成一件事」為牽引，提高政務服務水平。堅決糾治形式主義、官僚主義，進一步精簡文件和會議，完善督查檢查考核，持續為基層和企業減負。落實「三個區分開來」，完善幹部擔當作為激勵和保護機制。廣大幹部要增強「時時放心不下」的責任感，並切實轉化為「事事心中有底」的行動力，提振幹事創業的精氣神，真抓實幹、埋頭苦幹、善作善成，努力創造無愧於時代和人民的新業績。

各位代表！

我們要以鑄牢中華民族共同體意識為主線，堅持和完善民族區域自治制度，促進各民族廣泛交往交流交融，推動民族地區加快現代化建設步伐。堅持黨的宗教工作基本方針，深入推進我國宗教中國化，積極引導宗教與社會主義社會相適應。加強和改進僑務工作，維護海外僑胞和歸僑僑眷合法權益，匯聚起海內外中華兒女共同致力民族復興的磅礴力量。

過去一年，國防和軍隊建設取得新的成績和進步，人民軍

隊出色完成擔負的使命任務。新的一年，要深入貫徹習近平強
軍思想，貫徹新時代軍事戰略方針，堅持黨對人民軍隊的絕對
領導，全面深入貫徹軍委主席負責制，打好實現建軍一百年奮
鬥目標攻堅戰。全面加強練兵備戰，統籌推進軍事鬥爭準備，
抓好實戰化軍事訓練，堅定捍衛國家主權、安全、發展利益。
構建現代軍事治理體系，抓好軍隊建設「十四五」規劃執行，
加快實施國防發展重大工程。鞏固提高一體化國家戰略體系和
能力，優化國防科技工業體系和佈局，加強國防教育、國防動
員和後備力量建設。各級政府要大力支持國防和軍隊建設，深
入開展「雙擁」工作，鞏固發展軍政軍民團結。

我們要繼續全面準確、堅定不移貫徹「一國兩制」、「港
人治港」、「澳人治澳」、高度自治的方針，堅持依法治港治
澳，落實「愛國者治港」、「愛國者治澳」原則。支持香港、
澳門發展經濟、改善民生，發揮自身優勢和特點，積極參與粵
港澳大灣區建設，更好融入國家發展大局，保持香港、澳門長
期繁榮穩定。

我們要堅持貫徹新時代黨解決台灣問題的總體方略，堅持
一個中國原則和「九二共識」，堅決反對「台獨」分裂和外來
干涉，推動兩岸關係和平發展，堅定不移推進祖國統一大業，
維護中華民族根本利益。深化兩岸融合發展，增進兩岸同胞福
祉，同心共創民族復興偉業。

我們要堅持獨立自主的和平外交政策，堅持走和平發展道
路，堅定奉行互利共贏的開放戰略，倡導平等有序的世界多極
化和普惠包容的經濟全球化，推動構建新型國際關係，反對霸

權霸道霸凌行徑，維護國際公平正義。中國願同國際社會一道，落實全球發展倡議、全球安全倡議、全球文明倡議，弘揚全人類共同價值，推動全球治理體系變革，推動構建人類命運共同體。

丁薛祥出席2023世界中文大會並發表主旨講話

各位代表！

使命重在擔當，奮鬥創造未來。我們要更加緊密地團結在以習近平同志為核心的黨中央周圍，高舉中國特色社會主義偉大旗幟，以習近平新時代中國特色社會主義思想為指導，堅定信心、開拓進取，努力完成全年經濟社會發展目標任務，為以中國式現代化全面推進強國建設、民族復興偉業不懈奮鬥！

韓正出席第三屆中非經貿博覽會開幕式並致辭

李強
政府工作報告
完整視頻

50 個動態場景看
2024
《政府工作報告》
全文

政府工作報告
現場傳來這些
重磅消息

看《政府工作
報告》裏的
向「新」力！

數看 2024
政府工作報告

視頻索引